MATTHIEU MERIOT

ÉMOTIONS

Du même auteur :

- Observations et photographies - Tome 1 : Photographies enneigées (2018)

- Un enfer scolaire (2018)

- Les émotions d'une vie (2019)

- Parle (2020)

- Sentiments positifs (2020)

- Toujours Brave (2021)

- Observations et photographies, tome 2 : photographies chaleureuses (2021)

- Nos différences sont une richesse (2021)

- Voyage à Vouillon (2022)

- L'enfer du harcèlement scolaire (2022)

- The Legend of Zelda : souvenirs d'enfance (2022)

À ma famille, à mon meilleur ami et mes proches que j'aime.

À toutes les personnes qui me soutiennent dans ma lutte contre le harcèlement scolaire.

Un très grand merci également aux lectrices et lecteurs qui me suivent depuis le début de mon aventure dans le parcours de l'écriture et de l'auto-édition. Merci d'être toujours à mes côtés !

Un grand merci aussi à toute l'équipe de mon éditeur BoD, Books on Demand, sans qui rien ne serait possible.

Mais aussi un très grand merci à l'ESAT
qui m'accompagne depuis mes débuts
dans le monde du travail. C'est une
véritable chance pour moi !

MATTHIEU MERIOT

Avant-propos

J'imagine que certains d'entre-vous connaissent déjà mon histoire, notamment grâce à l'écriture de mes précédents livres. Je vais tout de même vous raconter en quelques lignes. Il y a quelques années, j'ai été harcelé de la maternelle à la quatrième jusqu'à me mutiler et commettre trois tentatives de suicide. Depuis, je suis engagé contre le harcèlement scolaire pour pouvoir aider et sensibiliser un maximum de personnes face à ce fléau.

C'est un combat très important pour moi. Il faut en parler. Il y a trop de personnes harcelées qui se suicident. Même si je pense qu'il y aura toujours du harcèlement, je peux essayer de le faire "reculer" pour sauver des vies. Il existe par exemple des préventions dans les établissements scolaires, des livres où des personnes racontant leur histoire, des bandes-dessinées, des musiques, des films, etc.

En fait il existe tout un tas de choses concrètes sur lesquelles ont peut s'appuyer pour prévenir toutes formes de harcèlement.

Aujourd'hui, je trouve que l'école est plus devenue un lieu de souffrance que d'apprentissage. Qu'en pensez-vous ? Moi de mon côté, je sais que l'école ne m'aura pas assez apportée. C'est dommage !

*

Depuis quelques années maintenant, je suis considéré comme étant une personne en situation de handicap. J'ai un handicap au niveau relationnel et confiance en moi puis un retard mental, c'est-à-dire que je met plus de temps à comprendre et à faire les choses que les personnes ditent "normales".

Au départ c'était très difficile d'accepter ses différences pour moi. Mais avec le temps j'ai compris que nous sommes tous différents les uns des autres et que comme je le dis dans mes livres, faisons de nos différences une grande richesse à partager ensemble.

*

Actuellement je travaille dans un ESAT (Établissement et Service d'Accompagnement par le Travail) en atelier d'espace vert. Dans ce métier nous tondons l'herbe, nous désherbons, nous taillons, etc. Mais nous faisons également du bois de chauffage et des livraisons de bois en période de basse activité donc principalement en hiver.

Ce travail me plaît énormément. C'est une véritable chance pour moi d'être dans cet établissement. Il me permet d'avoir un travail adapté et à mon rythme tout en étant dans ce milieu protégé.

*

D'ailleurs, il n'y a pas que l'ESAT, je suis hébergé dans un FH (Un Foyer d'Hébergement) pour apprendre à être autonome au maximum afin d'avoir un appartement tout seul pour plus tard. C'est un long chemin mais qui en vaut la peine !

« On m'a harcelé à l'école pendant des années...

Et aujourd'hui je vends des milliers de livres dans le monde, en auto-édition.

Il ne faut jamais abandonner ses rêves ! »

{Attention à certaines amitiés)

Je dis souvent qu'il faut faire très attention dans l'amitié. Savez-vous pourquoi ? Je vous explique.

On m'a souvent dit ce genre de chose :

- Matthieu, un jour tu rencontreras un ami formidable qui te comprendra et sera toujours là pour toi.

Ou encore :

- Matthieu, un jour tu rencontrera un véritable ami et tu ne sera pas déçu.

Pour être sincère, j'ai presque toujours été déçu dans les amitiés que j'ai eu dans ma vie. Ils m'ont presque tous laissés tomber... Mais je reste fort et je suis certain qu'un jour, je rencontrerais quelqu'un qui sera m'écouter et être là pour moi. Quelqu'un qui sera toujours là. Toujours. Et surtout une personne sincère qui ne me laissera pas de côté.

{La sincérité est la base de tout}

J'aimerais vous dire quelque chose. Quelque chose que j'ai en tête depuis quelques années déjà.

Depuis que je me suis lancé dans l'écriture et l'auto-édition, je me dis qu'il ne sert absolument à rien de tricher avec mes lecteurs. C'est-à-dire que pour moi le plus important c'est la sincérité avec les personnes.

Par exemple, si un jour j'ai la possibilité de faire des séances de dédicaces, je serais toujours présent avec vous et avec le sourire pour discuter avec vous.

En tout cas, merci à vous d'être de plus en plus nombreux à commander mes livres. En plus, je me rends compte que ça marche très bien et dans le monde entier !

{Le monde merveilleux de l'auto-édition}

Ce qui est absolument formidable avec l'auto-édition aujourd'hui, c'est que je peux tout gérer moi-même. C'est quelque chose qui n'existait pas il y a vingt ans. Mais aujourd'hui avec le progrès du monde du livre, nous avons pleins de possibilités de faire ce que l'on veut, en quelque sorte.

Actuellement, vous n'avez pas à attendre qu'un éditeur vous disent que votre manuscrit est intéressant et très bien pour être édité. Non. Si votre manuscrit est corrigé puis vous paraît bon, vous pouvez le publier par des plates-formes d'auto-édition qui font de l'impression à la demande. C'est-à-dire que votre livre est imprimé à l'unité prêt et à partir d'un seul exemplaire ! C'est très bien car ça évite le gaspillage finalement.

Moi je trouve que l'auto-édition a fait beaucoup de progrès ces dernières années. C'est vrai ! Aujourd'hui chacun peut écrire et publier son propre manuscrit pour qu'il devienne un livre. Il n'y a pas besoin d'attendre des réponses d'éditeurs sérieux, qui d'ailleurs ne viennent pas toujours.

Grâce à mon éditeur BoD (Books on Demand), je peux publier mon livre et en plus, j'ai une "distribution internationale" qui permet aux gens du monde entier de l'acheter sur internet, sur les sites de vente en ligne. C'est vraiment très bien fait.

De plus, les revenus des ventes sont plus importants qu'en édition traditionnelle. C'est important d'en parler également si on souhaite pouvoir vivre de nos livres un jour !

*

Comme je le disais tout à l'heure, l'avantage de l'auto-édition c'est que l'on peut tout gérer de A à Z. Autrement dit du début à la fin. C'est très bien mais en revanche le plus difficile reste la promotion sur internet. Vendre son livre sur les réseaux sociaux c'est pas simple mais je suis certain que ça peut déclencher des ventes. Ça a été le cas pour moi en tout cas. Je vous souhaite la même chose si un jour vous souhaitez vous lancer dans le monde de l'écriture et l'auto-édition !

{Mon succès en auto-édition}

Je suis tellement content de réussir en auto-édition. Vous savez, faire la promotion de son ouvrage sur internet c'est assez difficile. Il faut à la fois apprendre à bien vendre son livre mais aussi à le faire connaître pour avoir de futurs achats puis ainsi créer ce que l'on appelle le fameux "bouche-à-oreilles". Plus les lecteurs parleront de votre livre plus il y a de chances d'avoir encore plus de ventes !

*

Pour vous dire la vérité, je ne connais pas toutes les raisons de mon succès. Je sais simplement que buzzer sur les réseaux sociaux aide énormément. Je vous explique.

En septembre 2020, je poste une publication sur le réseau social Facebook en demandant aux gens de partager mon livre sur le harcèlement scolaire qui s'intitule "un enfer scolaire". En un mois, je me retrouve avec 200 000 partages. C'était énorme pour moi ! Avec autant de partages, j'ai vendu 1 500 exemplaires environ. C'était à la fois génial et à la fois stressant car ces chiffres me donner un peu le vertige, dans le sens ou j'avais peur d'être mal jugé par les gens et finalement, les commentaires étaient plutôt positifs, donc j'étais très content !

Et puis j'ai buzzé de nouveau plusieurs fois sur quelque réseaux sociaux, notamment sur Facebook avec des milliers de partages mais aussi sur Twitter (à l'époque), sur Instagram mais aussi plus récemment sur TikTok.

En vérité je crois que ce qui explique mon succès avec actuellement plus de 11 000 ventes en plus de cinq ans d'auto-édition, c'est le buzz sur internet. Grâce à celui-ci, beaucoup de personnes qui ne me connaissaient pas m'ont découverts. Que ce soit dans les groupes Facebook ou dans les autres réseaux sociaux également.

Je suis vraiment content qu'au final, mon style d'écriture plaît un minimum. Cela prouve bien que je ne fais pas tout ça pour rien. Je sois continuer ainsi pour à la fois aider les personnes qui en ont besoins mais aussi pour moi. Parce-que cet univers d'écrivain auto-édité me plaît plus que tout !

Il est vrai que lorsque j'ai commencé, je ne pensais pas pouvoir avoir autant de ventes et de revenus avec ma passion pour l'écriture. Même si je n'en vis pas encore, c'est tout de même une très grande chance de pouvoir vendre autant de livres et gagner un peu de sous chaque mois. Surtout que de base ce n'est pas simple du tout avec le genre de livres que j'écris. J'écris des récits de vie et témoignages sur différents sujets de la vie comme : le harcèlement scolaire, le handicap, l'homosexualité, la confiance en soi, la positivité, la photographie, etc.

Finalement ce sont des sujets dont beaucoup de personnes peuvent s'y retrouver assez facilement et qui apportent énormément de bonnes ondes positives lorsque l'ont en parles avec délicatesse et bienveillance.

Je suis vraiment heureux que ce que je fais ne sert pas à rien et apportent beaucoup aux autres. C'est très important. Beaucoup de gens se retrouvent dans mon histoire.

Un très grand merci à tous d'être très nombreux à commander mes livres sur internet, sur les sites de vente en ligne. Ça fait plaisir !

{La musique m'a beaucoup apportée}

Il n'y a pas que l'écriture qui m'apporte énormément dans ma vie, il y a aussi la musique !

Chez moi, la musique que j'écoute m'a permis de m'apaiser plus facilement et de beaucoup moins stresser dans la vie de tous les jours. C'est une très bonne chose psychologiquement !

Il est vrai que ça me fait beaucoup de bien de me poser et d'écouter ce qui me plaît le plus !

Les styles sont très nombreux donc je peux vraiment me relaxer en écoutant de tout. Ce qui m'intéresse le plus est la

musique   instrumentale.   Comme
l'électronique, le pop-rock, etc.

*

Autrefois, avant de ma lancer dans les livres, composer de la musique avec des logicielles était une passion. Mais j'ai vite abandonné car je ne m'y connaissais pas assez pour aller plus loin et cette passion me plaisait moins. Mais bien sûr elle restera une très bonne expérience pour moi !

{Les émotions d'une vie}

Vous souvenez-vous de mon livre intitulé "Les émotions d'une vie" de Matthieu Meriot ? Moi oui. C'est un livre avec beaucoup d'émotions et de positivité. Dedans, je souhaitais raconter ce que j'avais sur le cœur pour pouvoir apporter de l'aide aux autres. C'était important pour moi de parler de mes sentiments et expériences de vie. Je fais la même chose avec ce livre mais en y abordant des sujets un peu différents.

{Rester soi-même}

Plus je me fais connaître et je vends de livres, plus je me dis qu'il faut rester soi-même. Je n'ai pas besoin de ressembler à quelqu'un d'autre, le plus important et de rester fidèle à soi-même. C'est vrai. J'ai la forte impression que certains auteurs essayent parfois de ressembler à quelqu'un d'autres et je trouve ça dommage. Ça gâche leur image en quelque sorte. Pardonnez-moi les termes mais je trouve ça un peu bête et désavantageux pour eux.

*

Moi par exemple, je pense que si je réussis autant en auto-édition, c'est parce que je ne ressemble pas forcément aux autres. Je suis moi-même, avec mes qualités et mes défauts. Sans doute que certains auteurs ont un peu de mal avec ça. Mais attention, je ne les mets pas tous dans le même panier. Pour moi il faut être sincère et être soi-même. C'est ce qui compte le plus j'imagine !

« Le harcèlement scolaire est un fléau destructeur. C'est un combat important pour moi. D'ailleurs, l'écriture m'aide au quotidien pour en parler. »

{Le harcèlement scolaire, mon combat}

Comme je le disais dans l'avant-propos, je suis un jeune homme de 24 ans engagé contre le fléau du harcèlement scolaire. J'en ai vécu pendant des années. Ça a commencé en maternelle et s'est terminé en quatrième. J'en étais venus à me mutiler et à commettre trois tentatives de suicide.

Aujourd'hui je vais beaucoup mieux. J'essaye de me reconstruire, notamment grâce à l'écriture, l'auto-édition et mon travail en ESAT. C'est très important d'essayer de se reconstruire après ce genre de traumatisme vécu.

{L'écriture comme thérapie}

Après avoir vécu toutes ces années de
harcèlement scolaire, je me suis lancé dans
l'écriture car j'avais besoin d'apporter
mon témoignage et d'aider les autres à
travers celui-ci. C'était très important
pour moi. Je ne voulais pas que d'autres
élèves passent par où je suis passé. Parce
qu'après le harcèlement reste un
traumatisme à vie. Si je peux me
permettre un conseil très important c'est
qu'il faut vraiment en parler si quelque
chose ne vas pas à l'école. Il le faut
absolument. Sinon ça peut aller très loin
et il ne faut pas que ça aille jusqu'à la

même extrémité que la mienne. Il faut vraiment en parler.

Je sais que ce n'est pas évident de discuter avec des personnes que l'on connaît, plus ou moins mais c'est l'une des seules solutions pour sortir de la spirale destructrice du harcèlement scolaire.

*

Par exemple, je sais que dans mon cas l'écriture m'apporte beaucoup au quotidien. L'écriture est la passion qui m'a sauvée, en quelque sorte. Donc n'abandonnez jamais vos rêves. Ce serait vraiment dommage. Croyez en vous surtout !

{Il faut en parler}

Je ne le dirais jamais assez, mais lorsque l'on est harcelé, il faut en parler. Sinon ça ne s'arrête pas. Je le répète en boucle mais c'est la seule solution pour sortir du harcèlement scolaire. Le souci c'est que les victimes de ce fléau sont souvent renfermées sur elles-mêmes. Elle n'osent pas en parler n'y même aborder le sujet avec leurs proches. Elles ont certainement peur de les inquiéter. Mais pourtant c'est plus qu'important. Alors n'hésitez-pas à en parler si vous êtes harcelés. Des personnes peuvent vous aider et si elles ne le font pas ou si rien ne bouge après en avoir parlé, allez directement porter plainte. C'est les seules solutions que j'ai en tête.

Continuer de vous battre, chacun a le droit d'avoir une très belle vie ! Prenez soin de vous également. C'est très important.

{Dois-je pardonner ?}

La question que je me pose en boucle régulièrement c'est :

- Dois-je pardonner aux harceleurs ?

Je suis conscient que seul moi peut y répondre mais en même temps je me demande si pardonner est vraiment la solution. Ce qui m'ont fait est horrible. Des coups, des menaces, des insultes, de l'intimidation, de la mise à l'écart et j'en passe...

Sincèrement, je ne peux pas encore complètement pardonner. Même si les harceleurs ont certainement mûri dans leur tête depuis le temps, je ne vois pas passer du temps avec eux et discuter comme si de rien n'était. Il me faut du temps, énormément de temps même. Je dois réfléchir mais pardonner c'est très difficile après ce qu'ils m'ont fait subir pendant des années. Et c'est normal. Pardonner est une très grande épreuve mais pour l'instant j'ai besoin de temps.

Et vous, qu'en pensez-vous ?

{Faire de son passé une grande force}

Depuis que je me suis engagé contre le harcèlement scolaire, je m'aperçois que je réussis à faire de mon passé une grande force intérieure qui me permet d'avancer. En fait, ce que j'ai vécu me permet d'aider les autres et à la fois de continuer à vivre comme je le souhaite. Je trouve ce point de vue de ma propre vie intéressant et poignant. Je vais continuer de me battre en tout cas !

« Malgré ce que j'ai traversé, je garde le sourire tout en étant moi-même !

Je dois penser à moi et même si je suis une personne en situation de handicap, je reste positif ! »

{Je dois penser à moi}

Certaines personnes me disent que je vis que pour le harcèlement scolaire mais en réalité non. Certes, j'en parle beaucoup et j'en écrit des livres pour aider les autres mais en réalité j'essaye de passer à autre chose. Lorsque quelqu'un a besoin, je suis là. Mais je dois aussi penser à moi et à ma vie future.

Par exemple, actuellement je travaille dans un ESAT et je suis hébergé dans un foyer d'hébergement car je ne sais pas encore complètement me débrouiller seul mais je dois aussi penser à plus tard. Lorsque j'aurais un appartement seul, etc.

Je dois beaucoup plus penser à moi désormais. C'est très important pour que je puisse avancer mais psychologiquement.

{Je suis une personne en situation de handicap}

Depuis quelques années maintenant, je suis considéré comme étant une personne en situation de handicap. J'ai ce que l'on appelle un ''retard mental'', c'est-à-dire que je mets plus de temps à comprendre et à faire les choses que les autres. J'ai également un handicap au niveau du relationnel et de la confiance en soi. Je souffre de handicap invisible car il ne se voit pas forcément.

Comme je le disais précédemment, aujourd'hui je travaille dans un ESAT (Établissement et Service d'Accompagnement par le Travail) en atelier d'espace vert. Ce métier est nouveau pour moi mais il me plaît énormément et j'y tiens plus que tout ! Je travail depuis plus de deux ans en ESAT et j'ai appris à connaître de nouvelles très belles personnes qui sont toujours là pour m'aider et le soutenir que ce soit dans mes projets professionnelles comme personnels. Je les remercie infiniment pour leur soutien et leur sincérité !

{Je fais de mon handicap une force}

Depuis que j'ai compris que je suis une personne en situation de handicap et qu'un médecin m'a examiné pour le confirmer, je réussis à faire de mon handicap invisible une très grande force pour avancer. C'est un peu comme le harcèlement scolaire que j'ai subi, j'en tire une force importante.

Au départ c'était plutôt difficile d'accepter toutes ses différences, parceque ça me faisait très peur. J'avais peur d'être constamment jugé. Mais finalement grâce à l'ESAT, je me rends compte que je ne suis pas le seul différent et qu'en plus beaucoup de personnes en situation de handicap me comprennent mieux qu'une personne dite "normale". Je suis sincèrement très heureux d'être dans ce genre d'établissement. C'est une véritable chance pour moi. La chance d'être encadré par des moniteurs professionnels qui sont toujours là pour nous aider et nous soutenir à n'importe quel moment. Un très grand merci à eux de nous apprendre leur savoir-faire et surtout d'être toujours présent pour chacun d'entre-nous. J'imagine que ce n'est pas facile mais, c'est aussi bien de mettre en lumière des métiers intéressants comme celui-ci. C'est important. Parce-que ce n'est pas parce que nous sommes des personnes en situation de handicap que nous ne savons pas faire. Au contraire !

Nous sommes tous différents les uns des autres mais surtout tous égaux. Il n'y en a pas un ou une au-dessus de l'autre par exemple.

À l'ESAT, nous apprenons à travailler mais nous avons aussi ce que l'on appelle un "permis de conduite" pour évaluer notre comportement. Je trouve ça très bien. Cela nous permet de voir les choses qui vont et qui ne vont pas.

Moi de mon côté j'ai fais quelques erreurs mais comme je dis, personne n'est parfait ! On apprends tous de nos erreurs. Et puis aujourd'hui je suis très épanouis en ESAT. J'apprends pleins de choses intéressantes et ça me plaît beaucoup. Je sens au fond de moi que je progresse petit à petit même s'il me faut un certain temps encore. Mais je ne perds pas espoir. J'essaye de bien faire en faisant correctement les choses tout en faisant très attention aux autres mais aussi à moi-même. Je ne dois pas non plus me laisser marcher dessus. Mais comme je vous le disais, je suis quelqu'un de fort qui prends petit à petit un peu plus confiance en lui donc je n'abandonne pas l'ESAT comme mon rêve de vivre de mes livres un jour, peut-être !

{L'ESAT, une nouvelle vie merveilleuse !}

Vous savez, l'ESAT c'est vraiment l'établissement qui me convient le mieux. Avec celui-ci je me sens moi-même et en sécurité. Au départ c'était difficile car c'était tout nouveau pour moi. Je ne connaissais personne et il est vrai que ça peut faire peur. Je comprends complètement.

Et puis petit à petit, je me suis mis à discuter avec mes collègues qui sont devenus des proches et pour certains, des ami(e)s importants pour moi.

Cette vie en ESAT me plaît énormément même si les débuts étaient difficiles. L'avantage que j'ai d'être à l'ESAT est que j'ai aussi un FH (un Foyer d'Hébergement) pour être logé dans une chambre et nourri. Mais l'étape suivante est que les éducateurs m'apprennent à me débrouiller tout seul pour pouvoir être assez autonome pour plus tard et ainsi avoir un appartement à moi tout seul. Je prendrais les bus pour venir à l'ESAT et je repartirai après la débauche chez moi en bus aussi. C'est l'avantage des bus gratuits dans notre ville.

*

Mon ancienne vie (celle avant d'entrer en ESAT) n'était pas glorieuse. Je mangeais toute la journée car je m'ennuyais. J'attendais d'entrer en ESAT. Il faut beaucoup de temps pour rentrer dans ce genre d'établissement. Mais ce n'est pas impossible ! Comme je vous le

disais, il faut toujours croire en ses rêves !
Et il ne faut surtout jamais abandonner,
sous aucuns prétextes.

Depuis que je suis en ESAT, je suis
heureux et je pense que c'est ce qui
compte le plus

« Aujourd'hui je suis positif et je profite de ma vie avec l'écriture et la musique. Prenez soin de vous ! »

Remerciements

Je tiens à remercier mon meilleur ami pour son soutien. Il a toujours été là pour moi et je le remercie infiniment !

Je tenais également à remercier l'ESAT qui m'accompagne depuis plus de deux ans maintenant.

Un très grand merci à ma famille et à l'équipe de mon éditeur BoD. Books on Demand, sans eux rien ne serait possible.

© 2023, Matthieu Meriot
Édition : BoD - Books on Demand, info@bod.fr
Impression : BoD – Books on Demand,
In de Tarpen 42, Norderstedt (Allemagne)
Impression à la demande
ISBN : 978-2-3225-0004-8
Dépôt légal : Août 2023